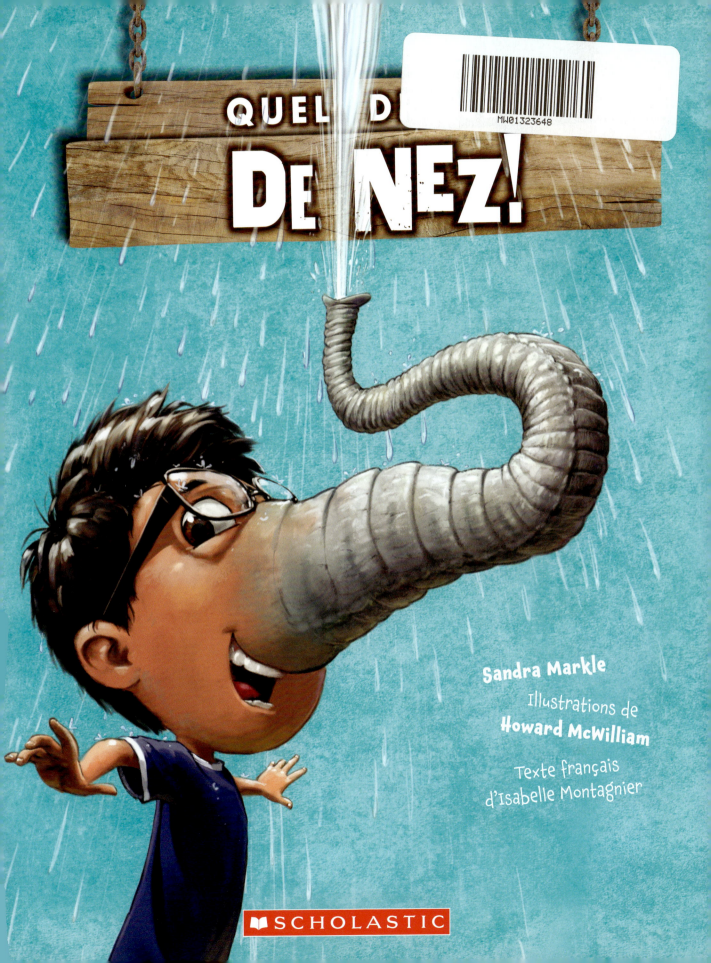

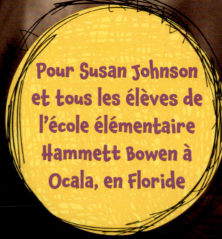

Pour Susan Johnson et tous les élèves de l'école élémentaire Hammett Bowen à Ocala, en Floride

RÉFÉRENCES PHOTOGRAPHIQUES

Photos © : couverture : Christopher Elwell/Shutterstock, Inc.; en médaillon : sevenke/Shutterstock, Inc.; quatrième de couverture : Angela Waye/Shutterstock, Inc.; 4 principale : RockSt4r84/iStockphoto; 4 en médaillon : photo de Tambako the Jaguar/Getty Images; 6 principale : Larsek/Shutterstock, Inc.; 6 en médaillon : mandritoiu/Shutterstock, Inc.; 8 principale : Peter Lillie/Getty Images; 8 en médaillon : Mikhail kolesnikov/Shutterstock, Inc.; 10 principale : Ricardo Esplana Babor/Shutterstock, Inc.; 10 en médaillon : yuqun/Shutterstock, Inc.; 12 principale : ManoAfrica/iStockphoto; 12 en médaillon : pjmalsbury/iStockphoto; 14 principale : Wild Wonders of Europe/Shpilenok/Nature Picture Library; 14 en médaillon : Oskanov/iStockphoto; 16 principale : Habicht, Michael/Animals Animals; 16 en médaillon : Ken Catania/Visuals Unlimited; 18 principale : Jonathan Pledger/Shutterstock, Inc.; 18 en médaillon : ZSSD/Minden Pictures; 20 principale : Christian Musat/Shutterstock, Inc.; 20 en médaillon : esdeem/Shutterstock, Inc.; 22 principale : Brock Fenton; 22 en médaillon : Dr Rolf Mueller; 24 principale : frantisekhojdysz/Shutterstock, Inc.; 24 en médaillon : wildestanimal/Getty Images.

Catalogage avant publication de Bibliothèque et Archives Canada

Markle, Sandra
[What if you had an animal nose!? Français]
Quel drôle de nez! / Sandra Markle ; illustrations de Howard McWilliam ; texte français d'Isabelle Montagnier.

Traduction de : What if you had an animal nose!?
ISBN 978-1-4431-6913-4 (couverture souple)

1. Nez--Ouvrages pour la jeunesse. 2. Animaux--Ouvrages pour la jeunesse.
I. McWilliam, Howard, 1977-, illustrateur II. Titre. III. Titre: What if you had an animal nose!? Français.

QL947.M3714 2018   j599.14'4   C2018-900352-9

Copyright © Sandra Markle, 2017, pour le texte.
Copyright © Howard McWilliam, 2017, pour les illustrations.
Copyright © Éditions Scholastic, 2018, pour le texte français.
Tous droits réservés.

L'éditeur n'exerce aucun contrôle sur les sites Web de tiers et de l'auteure et ne saurait être tenu responsable de leur contenu.

Il est interdit de reproduire, d'enregistrer ou de diffuser, en tout ou en partie, le présent ouvrage par quelque procédé que ce soit, électronique, mécanique, photographique, sonore, magnétique ou autre, sans avoir obtenu au préalable l'autorisation écrite de l'éditeur. Pour toute information concernant les droits, s'adresser à Scholastic Inc., Permissions Department, 557 Broadway, New York, NY 10012, É.-U.

Édition publiée par les Éditions Scholastic, 604, rue King Ouest, Toronto (Ontario) M5V 1E1.

5 4 3 2 1   Imprimé au Canada 114   18 19 20 21 22

Conception graphique : Kay Petronio

Imagine qu'un beau matin, tu te réveilles et, en te regardant dans le miroir, tu réalises que ton nez est celui d'un animal sauvage!

TAPIR

Le tapir est un herbivore au nez très pratique. Il peut le bouger et le plier pour enlever le feuillage d'une branche ou pour détacher des fruits. Ce nez est joint à la lèvre supérieure. Fait de muscles, il est flexible et mobile. Dans ce cas, on l'appelle une trompe.

INFO

Les tapirs mangent surtout la nuit : ils tordent leur nez dans toutes les directions pour renifler la nourriture dans l'obscurité.

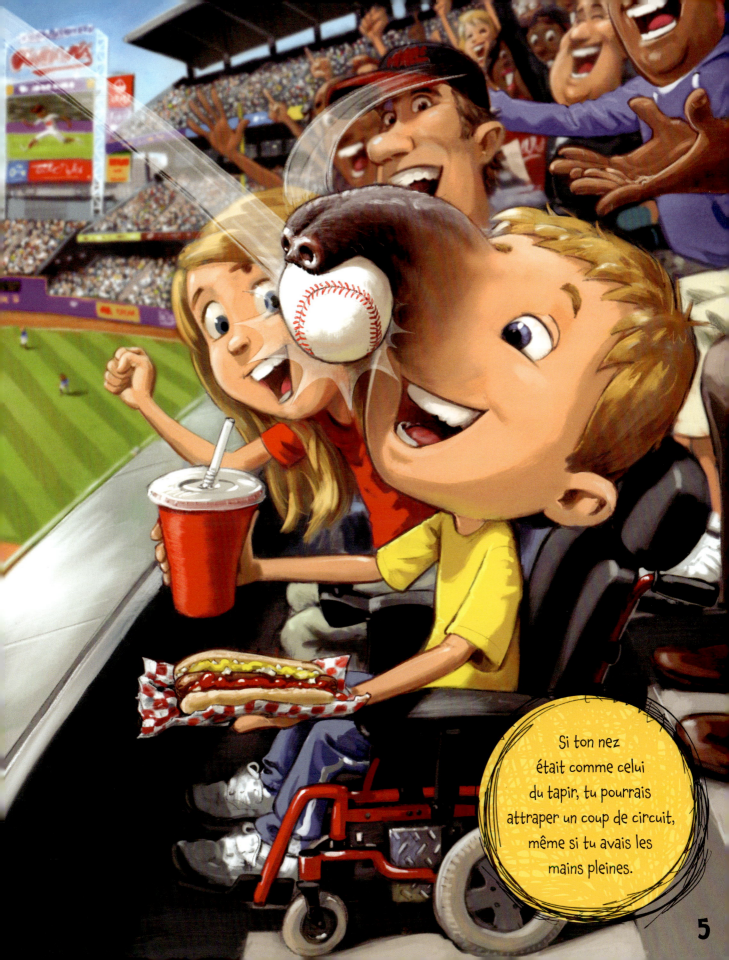

Si ton nez était comme celui du tapir, tu pourrais attraper un coup de circuit, même si tu avais les mains pleines.

LAPIN DE GARENNE

Le nez du lapin contient beaucoup de récepteurs olfactifs, qui captent les odeurs. Il peut se contracter pour différentes raisons. Le lapin fait bouger son nez de haut en bas et de bas en haut pour aspirer plus d'air quand il renifle. Cela l'aide à trouver de la nourriture ou à prendre la fuite s'il détecte l'odeur de prédateurs aux alentours. Le lapin bouge le nez plus vite (jusqu'à 120 fois par minute!) quand il est excité.

INFO

De chaque côté de leur nez, les lapins ont de longs poils tactiles très sensibles qui s'appellent des vibrisses. Ces poils permettent aux lapins de savoir (même quand il fait noir) si un trou est suffisamment grand pour les abriter!

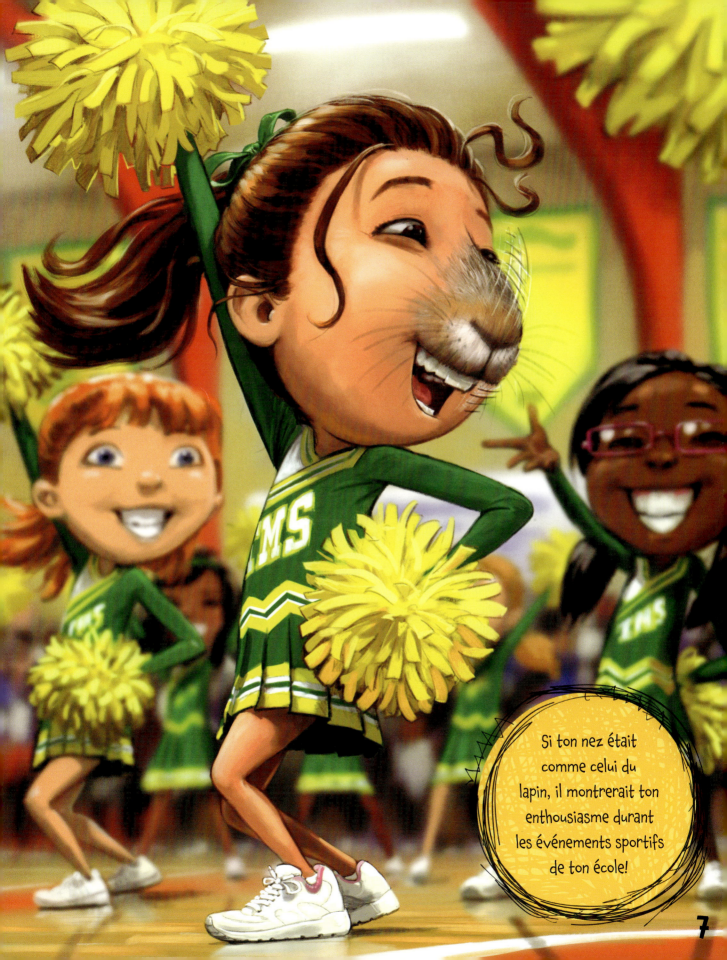

Si ton nez était comme celui du lapin, il montrerait ton enthousiasme durant les événements sportifs de ton école!

ÉLÉPHANT

Le nez de l'éléphant est sans doute le nez le plus utile du monde. Cette trompe très longue lui permet de détecter des odeurs venant de directions différentes, même du haut. Elle peut aussi soulever et porter des objets très lourds comme des troncs d'arbre. L'éléphant utilise sa trompe pour aspirer de grandes quantités d'eau, jusqu'à 9 litres à la fois! Il porte l'eau à sa bouche ou s'en sert pour se doucher.

INFO

L'extrémité de la trompe est aussi habile que des doigts. L'éléphant peut ramasser des aliments de la taille d'une arachide avant de les mettre dans sa bouche.

Si ton nez était comme celui d'un éléphant, tu n'aurais jamais besoin d'aller à un parc aquatique pour te rafraîchir durant l'été.

GRIZZLY

Le nez du grizzly est rempli de récepteurs olfactifs. Ce n'est donc pas surprenant que cet ours soit un champion pour détecter de la nourriture située parfois à plus d'un kilomètre de distance! Il doit manger autant que possible avant l'hiver. En effet, durant son hibernation, l'ours dort d'un sommeil profond et, habituellement, ne se nourrit pas.

INFO

Les récepteurs olfactifs du grizzly sont cent fois plus développés que ceux des humains.

Si ton nez était comme celui du grizzly, pour l'Halloween, tu pourrais flairer tes bonbons favoris et ne visiter que certaines maisons!

PHACOCHÈRE

Le nez du phacochère n'est pas très beau, mais il est parfait pour trouver de la nourriture. Le phacochère utilise son odorat puissant pour renifler les racines et les bulbes cachés sous la terre, dont il est friand. Puis il creuse à l'aide de ses défenses et de son nez. Pour finir, il déterre son repas et le dévore.

INFO

Les phacochères se saluent en cognant leur nez l'un contre l'autre.

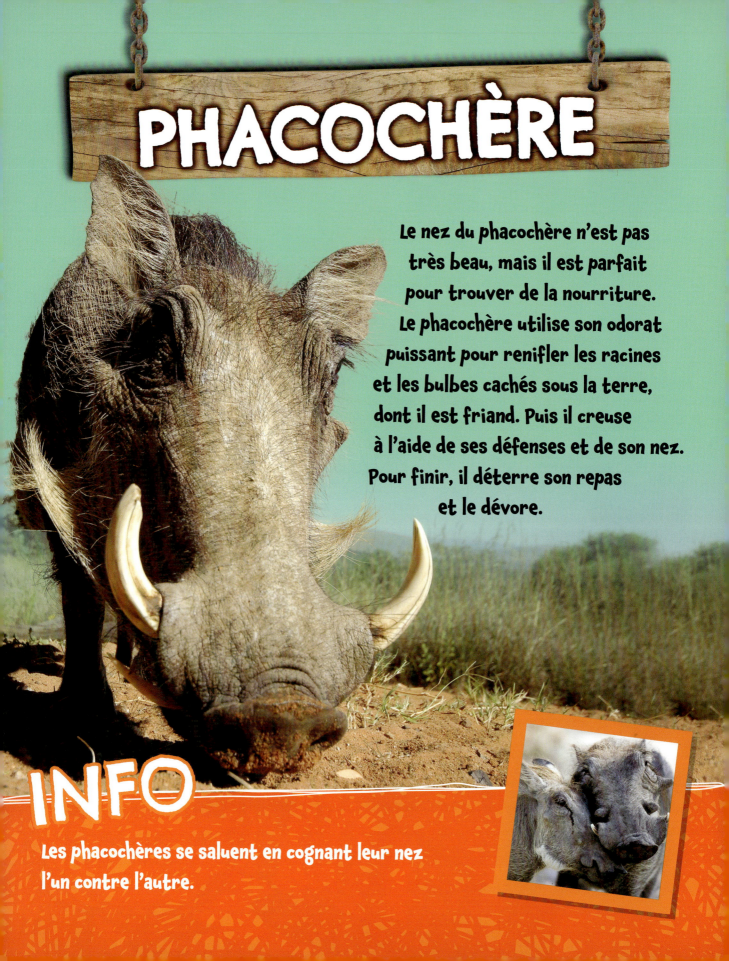

Si ton nez était comme celui du phacochère, tu n'aurais besoin de rien d'autre pour construire des châteaux de sable.

SAÏGA

Le saïga est une antilope des steppes qui a un nez en forme de trompe. Les poils et le mucus à l'intérieur filtrent la poussière. C'est utile parce que l'habitat de cette antilope est souvent très sec et poussiéreux. Les troupeaux de saïgas dégagent beaucoup de poussière quand ils se déplacent à la recherche d'herbe fraîche.

INFO

Certains saïgas vivent dans des régions de la Russie où il fait très froid l'hiver. Leur gros nez réchauffe l'air glacial qu'ils respirent.

Si ton nez était comme celui du saïga, la poussière des greniers ne te gênerait jamais.

TAUPE À NEZ ÉTOILÉ

La taupe à nez étoilé est un petit animal fouisseur qui utilise son nez pour trouver son repas sous la terre et même parfois sous l'eau! Elle s'en sert pour sentir, mais aussi pour toucher sa nourriture dans l'obscurité. Ses narines sont entourées de 22 tentacules mobiles qui bougent sans cesse. Quand son nez touche quelque chose, la taupe sait immédiatement s'il s'agit de nourriture, comme un ver ou un insecte.

INFO

Pour sentir sous l'eau, la taupe à nez étoilé fait des bulles, puis les attire dans son nez en reniflant, ce qui active ses récepteurs olfactifs.

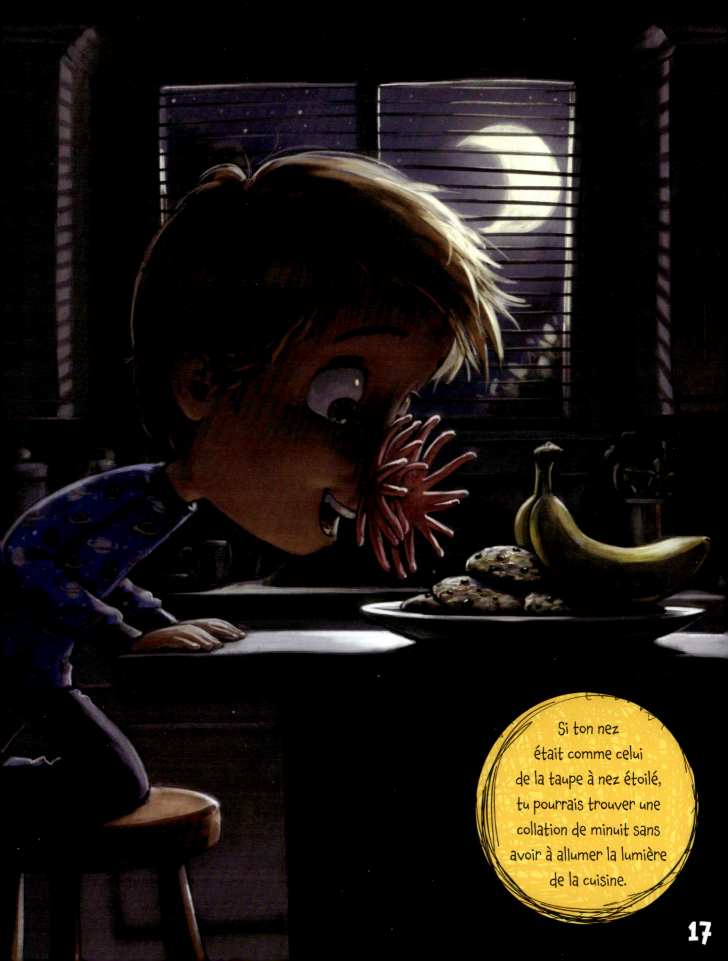

RHINOCÉROS

Le rhinocéros est le seul animal qui a une corne sur le nez. Elle est formée de couches de kératine, la même matière dont les ongles et les cheveux humains sont faits. Les mâles utilisent leur corne pour se battre avec d'autres mâles. Les femelles s'en servent pour protéger leurs petits. En plus de cette corne, le rhinocéros possède un très bon odorat pour trouver des feuilles et des fruits à manger et pour détecter la présence d'ennemis, comme les lions.

INFO

À la naissance, le bébé rhinocéros n'a pas de corne, mais elle pousse peu après et ne cesse jamais de grandir.

Si ton nez était comme celui du rhinocéros, tu serais un garde du corps parfait.

FOURMILIER GÉANT

Ce qui ressemble à un long nez chez le fourmilier géant est en fait une extension de ses mâchoires inférieure et supérieure. Son véritable nez est au bout de ce tube. Il est parfait pour atteindre des endroits difficiles afin d'aspirer de délicieux insectes, comme des fourmis et des termites. Le fourmilier géant se sert aussi de son nez comme d'un tuba pour respirer sous l'eau.

INFO

Quand le fourmilier géant sent la présence d'insectes, il sort sa langue jusqu'à 160 fois par minute pour attraper des milliers de bestioles.

Si ton nez était comme celui du fourmilier géant, tu pourrais faire de la plongée sans avoir besoin de tuba.

GRAND RHINOLOPHE FER À CHEVAL

Grâce à son nez, le grand rhinolophe fer à cheval est un très bon chasseur nocturne. Comme les autres chauves-souris, il chasse en émettant des sons aigus avec son nez et en écoutant les échos tout autour. La forme de son nez canalise le son et lui permet de savoir exactement où se trouve l'insecte qu'il veut manger.

INFO

Pour ne pas se fatiguer inutilement, le grand rhinolophe fer à cheval s'accroche à une branche et émet des grognements. Quand l'écho lui indique qu'un insecte est à proximité, il s'envole pour le poursuivre.

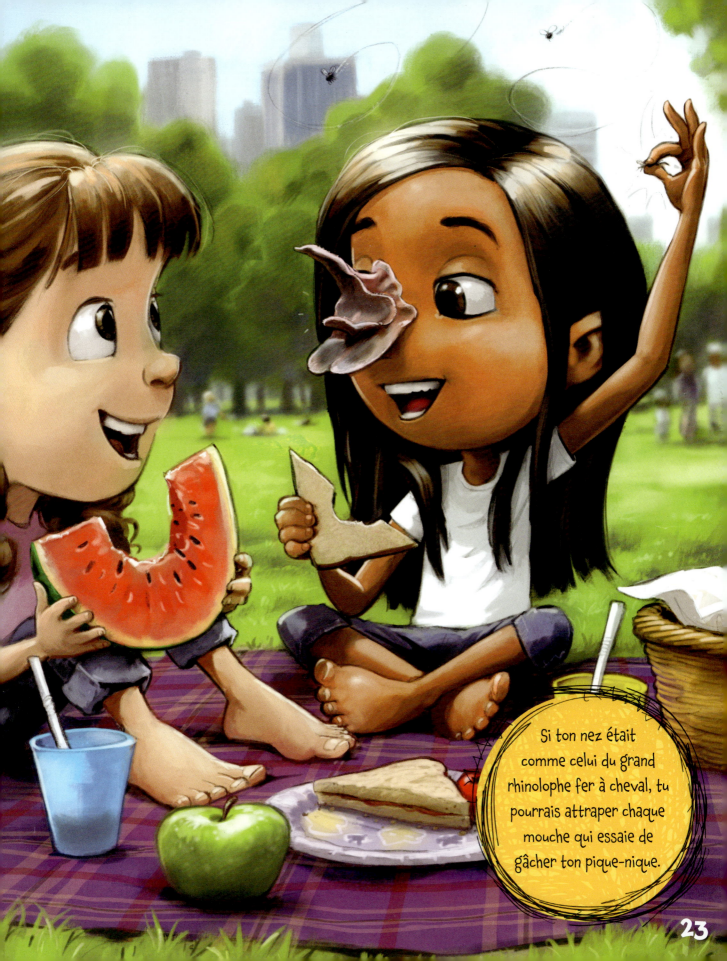

Si ton nez était comme celui du grand rhinolophe fer à cheval, tu pourrais attraper chaque mouche qui essaie de gâcher ton pique-nique.

REQUIN-MARTEAU

Le nez du requin-marteau ne lui sert pas à respirer, mais à sentir. Le requin tourne la tête d'un côté à l'autre, ce qui fait entrer de l'eau dans ses narines situées près de ses yeux. Comme ces narines sont très écartées, le requin sait si l'odeur est plus forte d'un côté ou de l'autre. Il repère alors sa proie et la pourchasse.

INFO

Le requin-marteau peut sentir le sang d'un animal blessé à un kilomètre de distance.

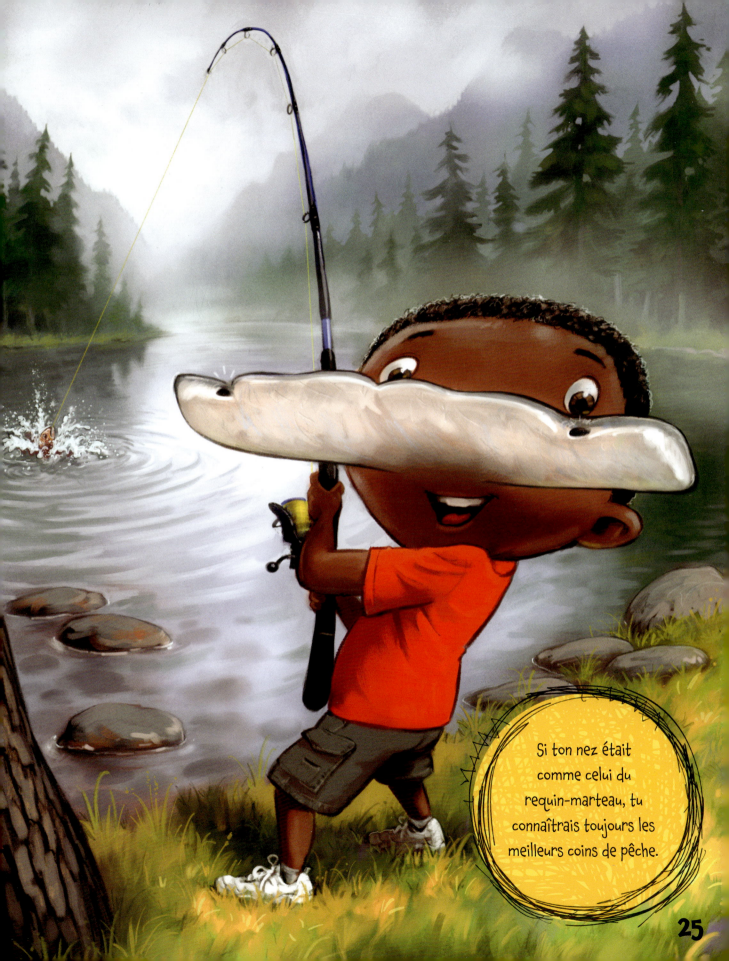

Ce serait amusant, pendant quelque temps, d'avoir le nez d'un animal sauvage. Mais tu ne te sers pas de ton nez pour projeter de l'eau ou pour creuser le sol. Tu n'en as pas besoin non plus pour attraper des mouches ou pour faire de la plongée sous-marine.

Par ailleurs, tu n'attrapes jamais rien avec ton nez. Quelle sorte de nez te conviendrait alors?

Heureusement, tu n'as pas à choisir.
Ton nez sera toujours un nez humain.

Il te sert à respirer et à sentir les odeurs qui t'entourent. Il est parfait aussi pour empêcher tes lunettes de tomber si tu en portes. Et surtout, il te permet de ressembler à <u>toi-même</u>.

À QUOI SERT TON NEZ?

Ton nez commence par des narines, deux ouvertures qui laissent entrer l'air. À l'intérieur se trouvent des passages bordés de poils et enrobés de mucus (la morve). Ces derniers filtrent la poussière, les microbes et le pollen des plantes qui pourraient irriter tes poumons ou te rendre malade. Quand tu éternues ou que tu te mouches, tu fais sortir de ton nez ce qu'il a attrapé. De plus, grâce à ton nez, l'air que tu respires est plus chaud et plus humide.

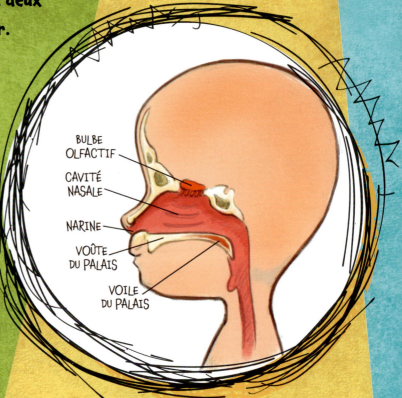

BULBE OLFACTIF
CAVITÉ NASALE
NARINE
VOÛTE DU PALAIS
VOILE DU PALAIS

Tout au fond de ton nez, il y a des récepteurs olfactifs de la taille d'un timbre poste. Ils envoient des signaux à ton cerveau qui te fait savoir ce que tu renifles. En même temps, l'air circule le long de ta gorge jusqu'à ta trachée et à tes poumons. Ton nez est donc l'outil principal de la circulation de l'air dont tu as besoin pour vivre et sentir le monde qui t'entoure.